Poésitude et Animaleries

Marie-Cécile Jenny

Poésitude

et

Animaleries

* 2019 *

© 2019, Marie-Cécile Jenny.

Édition : BoD – Books on Demand
12/14 rond-point des Champs-Élysées, 75008 Paris
Impression : BoD - Books on Demand, Norderstedt, Allemagne

ISBN : 9 782322 151417

Dépôt légal : Août 2019.

*À **Thomas Bürger**
sans qui ce livre n'aurait pas vu le jour.
Remerciements à **Christine Grell**
pour ses illustrations.*

Sommaire

Poésitude..9
- Deux amies..10
- Hiver..12
- De haute lutte...13
- Songe d'une nuit d'été...14
- Le vin...15
- Le gentleman-driver..16
- Insoutenable légèreté...18
- Le cul du duc...20
- Décîmeurs..22
- La merlette apprivoisée.......................................23
- Le rémouleur...24
- Obscurité..25
- Le geek..26
- En tenue d'Ève...28
- Amitié printanière..30
- Rêve de printemps..32
- Comme un air de printemps.................................34
- Potron-minet...35
- Ciel d'été..36
- Clarté...38
- Crépuscule...39
- Le marathonien...40
- Le bras de fer..42
- Le sapin de Noël..43
- Naissance de Mozart..44
- La jeune fille à la perle.......................................45
- Mirages..46
- Rêve ?...48
- Naissance du jour...49

Clair de lune..50
Le jardin de curé..52
Un parfum d'éternité...53
Dans mon jardin secret...54
Nature morte..55
La marquise prise..56
Animaleries..59
L'hippopotame..60
La légende du bouquetin...62
Le moucheron et l'araignée..64
Le troglodyte mignon...65
La chauve-souris et le corbeau...66
Le nid...67
Josquin..68
L'araignée qui voulait voler...70
La chouette..72
Le pique-bœuf ou le commensalisme................................73
Le paon se marie ou le cri du paon...................................74
Le singe vert...76
Le chant de l'alouette..77
Irsute...78
L'aigle royal ou la présomption...80
La corneille envieuse...81
Le corbeau ou la jalousie...82
Monsieur chat...83
Le coucou suisse...84
La cigale et la fourmi réconciliées.....................................86
Les oies...87
Le courroux du coucou..88
Les poules..89
Rusard...90
L'ours...92
Les animaux à la crèche..93

Poésitude

Deux amies

Dans un salon de thé, sur des sofas dorés,
Mes corpulentes amies dégustent leur thé,
À leurs doigts boudinés, les tasses de Minton
Se colorent du rouge à lèvres des matrones.

De luisantes brioches sur table laquée,
Exhibent leurs gourmandes rondeurs boursouflées.
La riche porcelaine aux belles fioritures,
À leurs grosses mains semblent frêles miniatures.

Dans leurs habits colorés, les amies étalent,
Telles les sculptures de Niki de Saint Phalle,
Leurs poitrines opulentes, leurs bourrelets,
Et leur teint rosé sied à leur obésité.

Hiver

Dans la campagne immaculée,
Sur la neige, sourdent mes pas.
Les corbeaux jais, ébouriffés,
Sur de blancs barbelés gelés,
Picorent la baie d'églantier.
Le renard doré suit ses laies,
Le ventre creux, jusqu'au terrier.
Là, le bêlement d'un troupeau
Dont les abondantes toisons,
Ne parent trop contre le froid.
Qu'il fait bon dans notre demeure
Où danse et crépite la flamme !
Sur les carreaux, le gel a peint
De belles fougères d'hiver...

De haute lutte

Dans ses rêves, il cherchait, des gens, le secret.
Il entrait lors dans les demeures désertées,
Explorant les moindres recoins avidement,
À la recherche d'un mystère évanescent.

Alors, la clé du songe lui fut révélée :
La richesse, que chez les autres, il enviait,
Un talent d'être au monde, une force placide,
C'est l'énergie psychique dont il était vide.

Cette fortune, au monde, la mieux partagée,
Dont jouissent, innocemment, les hominidés,
Il se l'était procurée, atteignant son but
Et se l'était appropriée de haute lutte.

Songe d'une nuit d'été

Dans la forêt magique,
Près de ruines antiques,
Un jeune faune danse,
Cabriolant avec aisance.
Le lierre, sa tête couronne,
Et ses minuscules sabots résonnent.
De ses lèvres vermeilles,
Coule un jus de groseilles ;
Tandis qu'un korrigan
Joue de la flûte de pan,
Assis sur la mousse ;
Et sa musique douce,
Dans des cabrioles entraîne
Le gracieux faune amène.
Non loin, dans une carole, les fées
Entourent une fontaine ruinée,
Scandant des prières brahmaniques,
Près d'un vieux sage énigmatique,
Penché sur un livre antique.
Soudain, le hululement d'un strix,
La féerie, éclipse,
Ne laissant en mon esprit extasié
Que ce songe d'une nuit d'été.

Le vin

Sa robe rubis, à la lumière, chatoie.
Dans le verre, sa valse éveille mon émoi.
Quand, fébrilement, je le porte à mes narines,
Se diffusent de douces effluves divines.

En bouche, c'est une explosion, une merveille
Où la fraise des bois se mêle à la groseille.
Je devine les grappes mûries au soleil
Et je vois ce terroir au goûteux jus de treilles.

C'est lors un fulgurant voyage gustatif
Où couleurs, arômes, saveurs sont les motifs
D'un succulent grand œuvre, un savoir-faire humain.
Buvons cet admirable cru, buvons le vin !

Le gentleman-driver

(À Axel, driver and gentleman)

Élégant sur son sulky fuselé,
Casaque blanche à bandes azurées,
Nonchalant, le driver, sur la piste, entre.
De toutes attentions, il est le centre.

Et quand son fier cheval, le dernier, part,
Vous croyez qu'au prix, il n'aura sa part ;
Mais, calme et posé, le voici lancé.
Ça y est, il a rejoint les premiers.

Vainqueur, au poteau, il les a coiffés,
Souriant même avant d'être arrivé.
Vous pensez que c'est un jeune hâbleur ?
Oui, mais c'est un grand gentleman-driver.

Insoutenable légèreté

Madame s'est faite belle,
Vêtue de noires dentelles.
Ce collier de perles fines
Sied-il à ma belle mine ?
Ce rouge à lèvres bon teint
Convient-il bien à mon teint ?
Hier, la femme du maire
Portait escarpins de vair
Et magnifique voilette.
Quelle splendide toilette !
Il me faut porter la même
Et rang montrer tout de même !
Éviter les jaseries
Et, de ma tenue, les ris.
Quelque chose sur ma tête ?
C'est vrai, ce n'est jour de fête.
Madame doit porter deuil.
Essaierai-je larme à l'œil ?
Non. Ce serait mauvais goût
Pour le décès d'un époux.
Ce sont pensées essentielles,
Quand on est superficiel
Et que son mari chéri
A trépassé aujourd'hui.

Le cul du duc

Fort élégant dans son costume chic,
Perruque poudrée, prétentieux physique,
Monsieur le Duc, jusque tard, déambule.
Dandy désinvolte, il est noctambule.

Il arriva qu'un corniaud lui fit face,
Un chien roturier, petit mais coriace.
Agacé, notre gandin le railla
Si bien que la bestiole s'irrita

Et lors mordilla les nobles mollets,
Puis le fondement fut tôt dévoilé ;
Le muscadin en perdit sa perruque.

C'est ainsi que l'on vit le cul du Duc.

À *défaut d'illustration* scabreuse, cette petite assonance :
Supputes-tu que le cul du duc nu fut vu ?
(À répéter très vite)

Décîmeurs

Tôt, ils sont venus les deux jeunes tronçonneurs.
Le boulot, d'abord, a connu sa dernière heure ;
Le pin et le sapin ont suivi même sort
Tandis qu'érable et pommier ont subi grand tort.

À terre, ébranché, leur tronc gît décapité,
Déchu, dans la verdure lourdement tombé,
Parmi le vacarme hurlant des tronçonneuses,
En cette matinée de novembre brumeuse.

Élagués, certains tendent leurs bras nus coupés.
En silence, les arbres se sont résignés
Et la lumière, dans mon jardin agrandi,
Éclaire maintenant la vie qui a repris.

La merlette apprivoisée

(À la Dame de Monfort dont la générosité s'étend même aux petites bêtes)

Oisillon tombé du nid, bête effarouchée
Dont les chiens avides feraient un copieux met.
Fragile et innocente proie des carnassiers
Que les molosses s'apprêtaient à dévorer.

C'est alors qu'apparut la Dame de Montfort
Qui, de la jeune merlette, sauva le sort.
Débordant de pitié, son grand cœur alerté,
Elle recueillit le frêle animal blessé.

Elle nourrit l'oiselle de fameux pâtés.
Et, d'une pipette, l'abreuva d'eau salée.
Dans toutes les contrées, la Dame l'emportait
Dans un carton troué, un petit nid douillet.

Et, quand le soir tombait, la Dame de bonté,
Libérait son amie qui, près d'elle, volait
Ou, sur son épaule, doucement se perchait.
Guéri, l'oiseau est parti ; la Dame est comblée.

Le rémouleur

Il allait sur son chemin de misère,
Traversant nos villages de campagne.
« Ciseaux, couteaux », criait le pauvre hère,
Sa charrette pour unique compagne.

Parfois, il s'arrêtait dans quelque ferme,
Quêtant humblement pain ou cidre aux maîtres
Et toujours, il gringottait sa rengaine :
« Rémouleur, rémouleur », tel ses ancêtres.

Ses cris et le crissement de sa meule
Évoquent le doux temps de mon enfance
Quand, gamins, nous parcourions les éteules
Côtoyant le trimard, pleins d'insouciance.

Obscurité

Dans son esprit, un ciel noir sans luisances,
Une nuit obscure sans espérance.
Un linceul gris, sur le monde jeté,
Voile, de la vie, ses couleurs variées.

Parfois, surviennent de vertes prairies,
Où l'onde des ruisseaux chatoie et rit ;
Lors un concert éclate dans sa tête.
La nature se vêt d'habits de fête.

Mais la nuit toujours éteint la clarté,
Et la tristesse occulte la gaieté,
Laissant, en lui, pour unique lueur
Une étincelle d'espoir à son cœur.

Le geek

Son ordinateur a buggé.
Ce matin, il l'a congédié.
Que faire sans le computer
Objet adulé de son cœur ?

Dehors, rit le jour printanier.
Le soleil chatoie dans les nuées.
Le vent gambille la futaie.
La nature est cadeau des fées.

Mais il n'a pour seule croisée
Que l'écran sombre et trépassé.
Qu'importe ! Il reste la tablette
Mieux que la nature obsolète.

En tenue d'Ève

Au bord d'un lac, Dame Hortense musardait.
C'était un soir d'été, la touffeur exténuait.
L'eau claire était limpide, l'endroit déserté,
Séjour idéal et charmant pour se baigner.

Chemise et cotte furent vite retirées,
Et, en un petit tas, non loin de là, cachées.
Hortense entra dans l'onde, vite rafraîchie,
Sous le regard de Jusquin sitôt ébaubi.

Vite, des atours de la Dame, il s'empara.
Sortant de l'eau, elle fut en grand embarras.
Jusquin, fieffé malandrin, mussé sur la grève,
Croquait le portrait de la Dame en tenue d'Ève.

Sur la grève, Ève rêve mais que rêve Ève ?

Amitié printanière

Une jeune et chétive pâquerette,
Frêle, menue, à la beauté discrète,
Croissait près d'une superbe pivoine,
Du splendide jardin, la grâce idoine.

Timide, la pâquerette n'osait
À la somptueuse fleur s'adresser.
Elle avait beau se dresser sur sa tige,
Son babil n'atteignait la fleur prestige.

La demoiselle supplia le ciel,
Qui versa une pluie providentielle.
La pivoine courba son joli col
Et baisa tendrement l'humble corolle.

Rêve de printemps

Le soleil matinal filtre par les volets.
Quand, vite, je les ouvre, la pleine clarté
Inonde alentours la campagne printanière.
Bonheur après l'hiver qu'on croit saison dernière !

Dessus le gazon, épars et multicolores,
De minuscules crocus égaient et colorent
Le jardin enchanté autour de ma maison.
Là, primevères et bruyère en floraison.

Mais dans ma demeure close, bien réveillée,
C'est encore le vilain mois de février.
Le temps est meilleur dans mon imagination
Où le calendrier défile à ma façon.

Petite embrouille printanière :

Un croco croque un crocus croquant
qui craque sous ses crocs.
Le crocus croqué craque
et crie au croco escroc
qu'un gros crapaud le croquera
et crac le crapaud croque le croco
qui croqué ne croîtra.

Comme un air de printemps

La campagne repose en silence.
Les arbres, dénudés, se balancent
Au gré de la brise matinale.
Tout est désert. Pas un animal.

La clarté d'un rayon de soleil,
Allume sur la neige, ô merveille !
De minuscules et purs diamants,
Jetés là par quelque esprit plaisant.

Puis, éveillant l'inerte campagne,
La gaieté d'un oiseau bientôt gagne
La nature hivernale semblant
Lui donner comme un air de printemps.

Potron-minet

J'aime me lever dès potron-minet
Quand la nature, en suspens, balbutie,
Presque inaudibles, quelques gazouillis,
Promesses d'une aube renouvelée.

Quelque part, un coq va bientôt chanter.
Tôt, quelques lueurs allument la nuit,
Le silence va laisser place au bruit
Et la coite campagne s'habiller.

Les étoiles occultent leur clarté
Et, maintenant, les oiseaux s'égosillent.
Des roucoulements retentissants drillent
L'instant magique dès potron-minet.

Ciel d'été

Par un clair-obscur sur les arbres noirs,
Le ciel luit dans la quiétude du soir.
Des lucioles poudrent le firmament
Dans la nue d'été silencieusement.

Le Petit Chariot près de la Grande Ourse
Et d'autres constellations éclaboussent
De milliards de feux la voûte céleste
Telle jaune broussaille de ginestes.

Soudain, zébrant le ciel, un astre choit
Hâtons-nous de faire un vœu avec foi :
Celui d'encore longtemps contempler
Ce magnifique dais d'un ciel d'été.

Si la lune choit

Il n'y a de choix,

Allons sous les pinastres

Car c'est un **des astres**

Clarté

Je connais de lumineuses prairies
Baignées par le soleil, qui de ses ris,
Éclabousse l'innocente nature.
Havre merveilleux, joyau de verdure.

Y croissent, sauvages, de frais cressons
Dans des flaques limpides, à foison.
Là, la verte rainette caracole
Sous les libellules en farandole.

À cet instant, mon âme exulte et rit
Entrevoyant tel riant paradis.
Ne voulant songer, qu'en fin de journée,
Le soleil finira par se coucher.

Ne laissant en moi que furtifs débris
D'une pleine clarté vite assombrie.

Crépuscule

Les arbres noirs s'étirent dans le ciel laiteux.
À l'horizon, la clarté d'un soleil couchant.
Là, d'un oiseau solitaire, on entend le chant
Des vrombissements résonnent en quelque lieu.

Un chien invective un passant retardataire,
Tandis que s'éteint doucement toute lumière.
Loin, les cloches sonnent l'heure crépusculaire.
Y a-t-il encore une vie sur cette terre ?

L'opaque sombreur couvre alors toute campagne.
C'est l'heure sinistre où rôde effroyable Mort
Et dans ce silence qui, la nuit, accompagne
Demain, aux mille bruits, aura-t-il un essor ?

Le marathonien

(À Carl Jenny)

Par les champs, les chemins, on le voyait,
Sous les intempéries, il s'entraînait.
Sa jeunesse, son opiniâtreté,
Sur des nuées de gloire, l'emportaient.

Enfin, le jour si escompté advint.
Seul et téméraire parmi l'essaim,
Vaillant, la rage au cœur, il s'élança.
Il implorait les dieux sous les vivats.

Maintes fois, son pari, fou, lui semblant,
Les larmes aux yeux, il serrait les dents.
L'arrivée loua le bel adonien,
Célébrant un hardi marathonien.

Le bras de fer

Idolâtré par la foule, il entra,
Robuste gaillard, fameux fier-à-bras.
Exhibant ses forts biceps turgescents,
Il alla à son rival fièrement

Le regard droit, altier et conquérant,
Il jaugea, méprisant, son concurrent.
Son allure était celle d' homme fort,
Qui n'eut craint ce solide matamore ?

Les mains, comme des aimants, se plaquèrent.
Le suspense fit la foule se taire
Et, dans un cri de bête qu'on abat,
L'autre, d'un seul coup, lui cassa le bras.

Le sapin de Noël

Un beau petit sapin bien vert,
Se désolait dans la clairière.
Il rêvait de lumière et d'or,
De strass et de somptueux décor.

Un bûcheron s'en empara ;
Ensuite, chez moi, arriva,
Nu, implorant une parure
Qui siérait moult à sa verdure.

Je l'enguirlandai de manière
À désarmer sa mine altière.
Il eut strass, lumière, ornement,
Et les boules finalement.

Naissance de Mozart

La nuit resplendissait d'étoiles
Scintillantes au firmament.
Dans le ciel, un clair poudroiement,
Comme un vif et lumineux voile.

Soudain, fondit une comète,
Un astre ailé et minuscule.
Ce n'était ni une planète,
Ni météore noctambule ;

Mais la plaisante, espiègle fée.
Sur la tête du nouveau-né,
Elle traça la clé des arts,
Qui, du nourrisson, fit Mozart.

La jeune fille à la perle

Une jeune fille au teint laiteux,
Au visage pur, aux yeux de feu
Et coiffée d'un turban outremer,
Vous dévisage, le regard clair.

Dans la pénombre de la mansarde,
Éclairée d'une lueur blafarde,
La jeune fille lave à grande eau
Le pavement aux larges carreaux.

Le clair-obscur où filtre un rayon
Exhale son charmant air enfançon.
À cet instant là, Vermeer la vit.
Par sa beauté, ému, la peignit.

Mirages

Sur l'herbe fraîche m'étant allongée,
Je vis du ciel les nuages rosés :
Une tête de loup, un phaéton,
Un vieux barbu, les dieux du panthéon.

Un cheval poursuivait un angelot
Qui se transforma en gros escargot.
Je vis la France et la botte italienne
S'évanouir en torero dans l'arène ;

Et la nuit gomma ces apparitions,
Allumant de scintillants lumignons,
Comme une cape brillante jetée
Sur ces mirages d'un beau ciel d'été.

Quand le ciel d'été s'ombrage,

*Mon **ami rage**.*

Rêve ?

Comme dans les estampes japonaises,
Où la brume append, légère, aux falaises,
Le monastère flottait dessus terre,
Tel un vaisseau suspendu dans les airs.

J'y entrai par la porte dérobée.
Des anges cisterciens, de pieux abbés,
Aussitôt, m'entourèrent, bruissant bas
Des questions sur le vieux monde d'en bas.

Bien plus tard, à ce haut lieu, je revins.
Les vitraux béaient, le cloître croulait.
Ici, avais-je frôlé le divin,
Où n'était-ce qu'un rêve évaporé,

Comme légère et brumeuse grisaille
Des paysages du maître Okusaï ?

Naissance du jour

Figée dans le silence de la nuit,
La campagne repose sans nul bruit.
Seuls, dans les arbres, un frémissement
Et, d'un rapace, le hululement.

Les astres taisent leur magnificence.
La lune, suspendue, luit en silence.
Et, bientôt, discrètement se retire
Dans un ciel qui, aux teintes bleutées, vire.

En sourdine, de joyeux gazouillis
Et, des corneilles, le discordant cri.
Déjà, s'étale la pleine clarté.
Bientôt s'animera la maisonnée.

Clair de lune

La pleine lune éclaire toute chose.
La rose aurore n'est encore éclose.
Déjà, des oiseaux piaillent dans leur nid ;
Par vive clarté lunaire, éconduits.

C'est l'heure où les lutins font sarabande,
Où les lièvres sortent dans la lande.
Les sorcières se vouent au sabbat,
Scandant, dans leurs ébats, d'obscurs mantras.

Puis, l'astre du jour efface les gnomes,
Dispersant, tout à coup, tous les fantômes ;
Et les humains ne croient que, sur la dune,
S'ébat un petit peuple au clair de lune.

Le jardin de curé

Le lierre, le muret de pierres, lèche,
Et le myrte côtoie la menthe fraîche.
Enceignant le jaune millepertuis,
De verts et odorants carrés de buis.

En soutane, le curé se promène
Quand il a congédié catéchumènes.
Mains croisées dans le dos, méditatif,
Il apprécie la hauteur de ses ifs.

Souvent, il s'assoit sur un banc d'osier,
Lit son bréviaire près des lauriers,
Et, levant la tête, sourit, enjoué,
En contemplant son jardin de curé.

Un parfum d'éternité

Le soleil baignait les antiques pierres
Qui menaient à une fontaine claire.
Sur la margelle, des colombes blanches,
Dans le silence d'un radieux dimanche.

J'entrai dans la pénombre de l'église
Où m'accueillit une fraîcheur exquise.
Imposant, doré, sculpté dans la pierre,
Le maître-autel réclamait mes prières.

Près de la porte, un moine me souriait,
Un frère qui, le mystère, savait.
Je humai une suave odeur de paix,
Comme un précieux parfum d'éternité.

Dans mon jardin secret

Dans mon jardin secret, poussent ronces, orties.
Le lierre y étrangle des arbres dénudés
Et le liseron s'insinue sur les murets.
Le ver et la vipère y sont en leur logis.

Mais y croissent aussi de magnifiques fleurs,
Visitées par de resplendissants papillons.
Sous un arc-en-ciel azur, or et vermillon,
La virtuose alouette chante avec cœur.

Parfois, mes pas s'enlisent dans l'horrible boue,
Me laissant, pour lors, anéanti, pauvre fou ;
Mais, au soleil, j'ois l'alouette grisoller ;
C'est lors fête d'entrer dans mon jardin secret.

Nature morte

Dans la torpeur d'un écrasant soleil d'été,
À l'ombre d'un immobile et vert cerisier,
Une nappe blanche, sur le gazon, jetée.
Dessus, de savoureux reliefs disséminés.

Restes d'un agréable repas sous le ciel:
Un liquoreux vin de paille, un blond pot de miel,
Où barbote et se noie une gloutonne guêpe,
De rutilantes fraises et de fines crêpes.

Un joueur de mandoline assis sur la nappe,
Accompagne de trilles ces fines agapes,
Tandis que bellement vêtus et richement,
Des joueurs de cartes s'épient farouchement.

Bonheur d'une belle journée d'été accorte,
Immortalisée par cette nature morte.

La marquise prise

Dans les beaux salons du mondain Paris,
Aux riches dorures, royaux lambris,
La marquise se trouve d'humeur grise ;
Pour se distraire, souvent, elle prise.

À ses côtés, un jouvenceau épris,
Portant monocle, raffiné, poli,
Lui cajole mignonnement la main ;
Il a pour elle un tendre et doux béguin.

Soudain, le coûteux tabac volatile
Fait éternuer la marquise au grand style,
Qui, sur le beau soupirant, se répand,
Macule le monocle de l'amant.

Le voilà durablement refroidi.
C'est et la vue et l'amour qu'il perdit.
Votre admirable beauté est exquise,
Mais vos prises, Marquise, ne séduisent.

Animaleries

L'hippopotame

Un hippopotame empâté,
Pesant une tonne tassée,
Martelait le sol puissamment,
Tel un colosse exorbitant,
Le port replet et grassouillet.

Quand, dans le fleuve, il s'enfonçait,
L'eau se fendait. Le grand Moïse,
Lui même, n'eut tant de maîtrise.
Lorsqu'il s'ébrouait, on eut dit
Que, tout à coup, tombait la pluie.

Mais combien pèse la cervelle
D'un pachyderme irrationnel,
Au vu d'un corps si épanoui ?
Nul ne comprit cette lubie
Qui, dans son cervelet, naquit :

Il arriva que cette bête
Rencontra un lézard tout svelte
Et, avec lui, se mit en tête
De mincir, quand s'enfla la raine,
Dont la fable conte la scène.

Si bien que, de l'hippopotame,
Ne resta que peau de tam-tam.

La légende du bouquetin

Il arriva qu'un bouquetin,
Venu des alpages lointains,
Se retrouva dans la vallée
D'où il gagna d'autres contrées.

Par une soirée ténébreuse,
Alors que pointait Bételgeuse,
Son chemin croisa un sorcier
Aux obscurs pouvoirs renommés.

En bois, cet animal changea,
Au sommet d'un épicéa,
Dans le jardin de mon voisin,
Lieu où cette légende advint.

Le moucheron et l'araignée

Un moucheron fort bien proportionné
Et vigoureux, avec une araignée se lia.
Madame Mère, son rejeton, réprimanda
Mais, foin des conseils, l'animal ailé,
Avec son amie velue, batifola.
Les pièges, il ne connaissait pas.
Sa jeune vie, en zigzag, il vivait.
Sans soucis, tout le jour, il baguenauda,
Heureux de l'amie qu'il rencontra.
L'araignée, son heure, attendait.
Quand elle sourit, elle montra
Deux petites dents crochues, dont l'éclat
Eut refroidi tout insecte sensé.
Un jour, l'araignée invita
Le moucheron à un festin de roi.
Sur son chemin, elle avait tissé
Un piège dont le diptère ne se remettrait pas.
En effet, dans la toile, il fila.
Anesthésié, emmailloté, il fut dévoré.
Cette histoire où se mésallia
Un féroce monstre ingrat
Et un jeune moucheron aventurier
Nous apprend que, dans bien des cas,
La présomption mène au trépas.

Le troglodyte mignon

Un frétillant petit oiseau,
Minuscule, curieux moineau,
S'affairait frénétiquement
Tout en piaillant puissamment ;
Au sol, courait comme souris
Faisant va et vient vers son nid,
Dans une cavité du mur,
À raz de terre, endroit peu sûr.
Cette cervelle, me disais-je
Ne pèse que flocon de neige ;
Or, j'appris que, point étourdi,
Cet oiseau construit plusieurs nids,
Des leurres pour les prédateurs,
Et que la femelle a l'honneur
De choisir l'un de ces abris.
Ce passereau si érudit,
À chevaleresque façon
A nom troglodyte mignon.

La chauve-souris et le corbeau

Dame Lucinde, la chauve-souris,
Vit Créon, le corbeau, rentrer chez lui.
La lune allumait sa robe de jais.
Son plumage, sous l'astre, étincelait.

Lors, Lucinde s'éprit du beau Créon,
D'un amour absolu et très profond ;
Mais comment se déclarer à l'élu
Quand on est un chiroptère velu ?

Leur proche entourage, jaloux, jasa ;
Fi du commérage, on les maria.
Sous une claire lune, un soir d'été,
L'astre scella cet étrange hyménée.

Au diable les jaseries quand on aime.
Une telle idylle est un précieux gemme.
L'amour ne fait-il les plus beaux poèmes ?

Le nid

Mon ami, ce matin, a vu dans le jardin
Cachées, là, parmi les feuilles du noisetier
Quelques brindilles judicieusement posées.
Discret, il s'est approché à pas de lutin.

Un nid de pigeon a découvert l'importun.
Avec de petits cris de surprise extasiés,
Il a chassé du nid le pigeon qui couvait.
Pourvu qu'il revienne, s'est dit le malandrin.

Prestement, dans la maison, le jeune ardélion
De son vieil appareil-photos s'est emparé.
Furtif, comme un voleur, il a pris un cliché.
Il ne faut plus longtemps déranger le pigeon.

Deux petits œufs blancs dans leur délicat cocon
Gisaient à ciel ouvert dans l'arbre hôtelier.
Aux anges, mon compère s'est vite empressé
De publier ce poème de sa façon.

Josquin

Josquin, l'écureuil, sortit de chez lui,
Chapeau claque, gants neufs, souliers vernis,
Scrutant maintes fois sa montre gousset,
Qui, sur son grand retard, le renseignait.

Il emprunta le haut mur du jardin,
À l'abri, se croyait-il, des faquins.
Quand, une pie, près de lui, s'abattit,
Et, tout de go, prit Josquin à partie.

Sans préambule, à un duel, le convia.
Immédiatement, le fer, on croisa.
Le jacquet était vif, la pie hargneuse.
Sitôt, elle fut plumée, moins jacasseuse.

L'araignée qui voulait voler

Une araignée, par la nature, bien pourvue
De cette faculté de tisser toile drue,
S'enorgueillissait de son piège magistral,
Qu'elle trouvait artificieux, sans égal.

Quand elle vit une coccinelle voler,
Bientôt suivie d'un menu moucheron ailé.
Son petit cœur d'aranéide défaillit.
Se pouvait-il, qu'en la créant, Dieu ait failli ?

Que le don de planer fut, pour elle, un oubli ?
Elle savait tisser, il lui fallait voler ;
Mais a-t-on déjà vu araignée voltiger ?
Il fallait que cette carence, elle rectifie.

Bien gratifié, vous ne l'êtes jamais assez.
Il faut toujours davantage au plus fortuné.
Un bien vous possédez, un autre vous courrez.

Voler voulut-elle ?

L'art est niais.

La chouette

Hier soir, en fermant les volets,
Son cri lugubre m'a effrayée.
Perçant la nuit de son chant sonore,
Comme sorti d'un vieil athanor.

Pour conjurer la malédiction,
Jetons vite le sel au tison
Car il n'y a que noire magie
Qui, sa damnation anéantit.

Cependant, ce n'est pas l'anathème
Que cet oiseau, aux yeux perçants, sème.
Son maléfice n'est que sornettes.
C'est le beau temps que prédit la chouette.

Le pique-bœuf
ou le commensalisme

Jadis, quand Adam n'avait encore son Ève,
Un oiseau célibataire n'avait de trêve
De rechercher fréquentation et becquetance .
Il fallait à ce volatile une accointance.

Un buffle solitaire s'en vint près de là,
Proie de démangeaisons dont il était fort las.
La peau parasitée par d'innombrables tiques
Dont il était, depuis très longtemps, allergique.

L'oiseau, qui vit besogne et pitance assurées,
Signa la transaction, l'alliance fut scellée.
Pique-bœuf fut nommé et cet opportunisme
Débuta un exemplaire commensalisme.

Le paon se marie
ou
le cri du paon

Il advint que sir Paon se maria.
Ses amis, à la noce, il convia.
Toute la noblesse était en émoi.
Merle, musicien, sifflait comme un roi.

Colombe, tout de blanc vêtue, dansait ;
Même Chouette, desheurée, musait.
Seigneur Paon, en bel habit bigarré,
Se pavanait, superbe, l'air altier.

Soudain, un bruit courut dans l'assemblée :
Un hôte manquait aux festivités.
Un cher cousin que sir Paon aimait tant.
On le chercha toute la nuit durant.

Éperdu, seigneur Paon criait "Léon".
C'est ce cri, dédié au cousin breton,
Qu'il transmit à chaque génération.

Le paon, éperdu, criait.
Ému, son cousin cherchait.
Oncques, aux noces, ne vit.
N'était-il en son pays ?

Le singe vert

J'ai, dans la tête, un singe vert,
Un étrange animal prospère.
Comme dans une verte serre,
Il saute et s'ébat à l'envers.

Quel est ce pervers, ce macaque,
Ce drôle de faiseur de frasques
Qui, dans mon crâne, fait le Jacques ?
D'où vient ce diable, ce maniaque ?

Ce singe a un colocataire,
Un petit bouddha bien en chair
Qui le tance, le doigt en l'air
Quand le crapoussin, par trop, erre.

Mais ce simien demeure à vie
Et pille mon crâne à l'envi.

Le chant de l'alouette

Je m'en allais à travers champs,
Sous un clair soleil de printemps.
Le blé en herbe poussait dru,
Non loin d'un riant petit ru.

Un infime oiseau frétillait
Au firmament, et grisolait
À tue-tête divinement,
Émoustillé par son doux chant.

Ivre d'air pur, je m'en revins,
Comme grisée par un bon vin,
Sifflotant l'exquise ariette
Du joli chant de l'alouette.

Irsute

Irsute, le hérisson, vaquait à ses affaires.
Lunettes rondes, air austère, Irsute est notaire.
Son étude se situait au fond de mon jardin.
En guise de plumes, il usait de piquants fins.

Susceptible, Irsute se mettait très vite en boule.
Pour une vétille, la valeur d'un millijoule,
Il se roulait en sphère d'épingles hérissées
Et vous insultait avec de petits cris grossiers.

Je le vis, l'autre jour, traverser notre jardin.
Il allait fort sereinement à très petit train.
Tout à coup, il me vit, me salua avec entrain.
Jamais ne me ferai à hérisson si humain.

L'aigle royal
ou la présomption

Dans les cieux, planait un aigle royal,
Altier et fier de son vol magistral.
Il effectuait vrilles, tonneaux, salto.
Ces figures dilataient son égo.

Ne suis-je, de ma lignée, le plus beau,
L'impérial représentant des oiseaux ?
Quand, son œil acéré vit la volaille
Prisonnière d'un filet, une caille.

L'aider eut pu être sa réaction
Mais le fat n'eut cette disposition.
Il piqua droit sur la fragile oiselle
Et se trouva captif de la ficelle.

Croyez que la présomption n'est talent
Et ne garde le sot du guet-apens.

La corneille envieuse

Une corneille à la voix de crécelle
Jalousait, du rossignol, la voix belle.
Que n'ai-je gazouillis mélodieux ?
Répétait le corvidé envieux.

Elle alla frapper chez le roitelet
Qui, une académie de chant, tenait,
Espérant, de sa voix, quelque progrès
Et qu'une diva se révélerait.

Elle apprit tellement des ariettes
Que sa forte verve devint fluette.
Les siens, indignés, ne la reconnurent
Et la traitèrent comme une rognure.

Point n'est la peine de se contrefaire
Car êtes lors rejeté de vos frères.

Le corbeau
ou la jalousie

Un corbeau, tout de noir vêtu,
Rencontra au détour d'un ru,
Une pie, frac noir, jabot blanc,
Oiseau au plumage élégant.

Outre sa livrée ténébreuse,
Que le corbeau vit peu flatteuse,
Il nourrissait des idées noires
Qu'enfla la pie en blanc et noir.

Que n'ai-je aussi belle parure.
Vos beaux atours, je veux, je jure !
Et sans délai, l'envieux fondit
Sur la pie qu'il anéantit.

La jalousie est ver rongeur
Qui, du meilleur, durcit le cœur.

Monsieur chat

Élégant dans sa livrée noire et blanche,
Monsieur chat me visite le dimanche.
Tôt, il me surprend assis au jardin.
Il a le raffinement d'un gandin.

Discret, il suit l'allée gravillonnée,
Poursuivant, méditatif, ses brisées
Et me jauge d'un regard supérieur
Ainsi qu'on dévisage un malfaiteur.

L'autre jour, Monsieur chat me gratifia
D'un trophée, qu'à mes pieds, il déposa :
Une souris. Pour lui, un met de roi.
Voulut-il la partager avec moi ?

Le coucou suisse

(À Samuel, en souvenir de son enfance)

Quand je me rendais chez Monsieur le Maire,
Une vieille demeure assez austère,
Dans le salon, Madame tricotait
Et, vite, les aiguilles cliquetaient.

Elle m'offrait des biscuits et du thé ;
Alors, dans le silence, j'attendais,
Scrutant au mur, un petit habitacle,
Que se produise le subtil miracle.

À seize heures, j'espérais la musique
D'un oiseau miniature mécanique ;
Car mon cœur d'enfant rêvait que surgisse
De Monsieur le Maire, le coucou suisse.

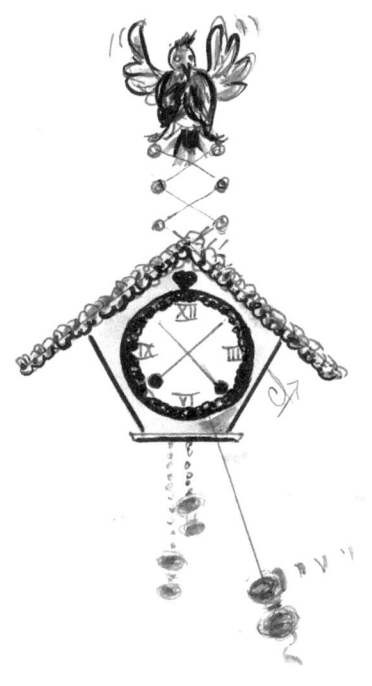

Cette étrange mécanique
Ou petite œuvre technique
Usa de pouvoirs magiques
Car, jadis, je fus charmé,
On ne peut plus fasciné,
Ulcéré par l'oiselet.

La cigale et la fourmi réconciliées

Une fourmi besogneuse,
Bourgeoise et très travailleuse,
À force de durs labeurs
N'eut plus à l'ouvrage cœur.
Elle était fort déprimée,
Lasse et des plus épuisées.
Elle eut recours aux Benzo,
Qui la laissèrent k.o.
Elle s'en fut voir la cigale,
Une artiste originale
Qui la reçut bras ouverts,
Entonnant de nombreux vers.
L'avisant, pour thérapie,
De chantonner à l'envi.
Fut-ce chant ou bien porto
Qu'on lui servit à gogo ?
La fourmi perdit ses maux.

Fable ne fait qu'ennemies
Une cigale étourdie
Et travailleuse fourmi.
Or contraires font amies.

Les oies

Dans la cour de la ferme, les lourdes oies grasses
Pataugent dans la boue, à leur sort, résignées.
Elles finiront en gros rôtis ficelés,
Un soir de réveillon, dans des gorges voraces.

Parfois, un sursaut d'instinct fait rêver les oies
À des pays lointains, des contrées reculées ;
Peut-être le songe de leur vie d'autrefois
Quand leurs ailes inutiles se déployaient.

Puis un frémissement de l'air les avertit
Et passant au-dessus d'elles, de leurs grands cris,
Les oies sauvages exhortent leurs congénères,
Pauvre troupeau, débile à l'appel séculaire.

Le courroux du coucou

Après qu'elle eut batifolé
Dans la campagne ensoleillée,
Il arriva qu'une merlette,
Très étourdie, un peu follette,
S'en retourna en son logis,
Juché haut, un aimable nid ;
Mais notre merlette distraite,
Imprudente, petite tête,
Visa un arbre à l'identique,
Du sien mêmement magnifique ;
Et sur autre logis fondit
Qu'avec sien elle confondit :
Celui d'un ombrageux coucou
Qui, de voler nids, avait goût ;
Mais il fut de mauvaise foi,
Arguant que lui seul faisait loi
Et, l'oiselle, larda de coups.
Lors gare au courroux du coucou.

Les poules

Les poules dodues caquettent en tous sens.
Pour un rien, les voilà en effervescence,
Picotant la terre frénétiquement,
Aux aguets, l'œil vif, inquiet, peureusement.

Le coq, sur ses ergots perchés, les rassure.
Elles s'en remettent à ce mâle sûr
Au large poitrail, dont le cri est signal
Qu'aux abris il faut clapir. C'est ancestral !

Le coq, sur elles, connaît sa prépotence
Et il exerce, en son harem, sa puissance.
Quand donc, couardes volailles assujetties,
Échapperez-vous à mâle tyrannie ?

Rusard

(À Mary et ses poules défuntes)

Par un matin d'hiver ensoleillé,
Sur neige immaculée, drue et gelée,
Je vis des petites taches de sang,
Des plumes éparses sur linceul blanc.

De menues empreintes traçaient chemin.
Lors, il fallait découvrir l'assassin.
Je me dirigeai vers le poulailler,
Où, en grand émoi, les poules criaient.

Renaude, une poule râblée, manquait.
Des poils roux sur le grillage signaient
La forfaiture du rusé renard,
Celui que j'avais surnommé Rusard.

L'ours

Dans sa vide, obscure caverne,
Comme attendant sa fin dernière,
L'ours, seulet, abandonné, dort.
On croirait, qu'inerte, il est mort.

Mais un frémissement de l'air,
Dans l'antre, un rayon de lumière
Effleure, à peine, son museau.
L'ours a, alors, un soubresaut.

Voilà, qu'éveillé, il s'ébroue
Et sort lentement de son trou.
La pleine clarté le ravit.
C'est fête. Voici qu'il revit.

Les animaux à la crèche

Dans la nuit mystérieuse et obscure,
Un bel astre brillait de clarté pure.
Alors, s'ébranlèrent les animaux :
Chameaux, rhinocéros, tigres, oiseaux,
Roi des animaux jusqu'au moindre insecte.
La caravane avançait circonspecte.
Quand l'astre les eut guidés à la crèche,
Chanta, discrètement, la pie grièche,
Suivie, en sourdine, du cri des bêtes.
Magistral, le lion fit une courbette.
Ne pouvant entrer par la porte étroite,
Humblement, la girafe se tint coite.
Le singe fit drôles gamineries,
Tandis que l'éléphant retint son cri.
Mais que pouvait offrir la coccinelle ?
Dépourvue, pauvre, elle battait des ailes.
Soudain, sur le doigt du divin Jésus,
S'offrit en bijou au bel Enfant nu.